C000197678

BEI GRIN MACHT SICH
WISSEN BEZAHLT

- Wir veröffentlichen Ihre Hausarbeit,
  Bachelor- und Masterarbeit

- Ihr eigenes eBook und Buch -
  weltweit in allen wichtigen Shops

- Verdienen Sie an jedem Verkauf

Jetzt bei www.GRIN.com hochladen
und kostenlos publizieren

Radoslaw Lis

Geschichte des deutschen Schulwesens. Schultypen im 19. Jahrhundert

GRIN Verlag

Bibliografische Information der Deutschen Nationalbibliothek:

Die Deutsche Bibliothek verzeichnet diese Publikation in der Deutschen National-
bibliografie; detaillierte bibliografische Daten sind im Internet über http://dnb.d-
nb.de/ abrufbar.

Impressum:

Copyright © 2011 GRIN Verlag GmbH
Druck und Bindung: Books on Demand GmbH, Norderstedt Germany
ISBN: 978-3-656-43386-6

Dieses Buch bei GRIN:

http://www.grin.com/de/e-book/214092/geschichte-des-deutschen-schulwesens-
schultypen-im-19-jahrhundert

GRIN - Your knowledge has value

Der GRIN Verlag publiziert seit 1998 wissenschaftliche Arbeiten von Studenten, Hochschullehrern und anderen Akademikern als eBook und gedrucktes Buch. Die Verlagswebsite www.grin.com ist die ideale Plattform zur Veröffentlichung von Hausarbeiten, Abschlussarbeiten, wissenschaftlichen Aufsätzen, Dissertationen und Fachbüchern.

Besuchen Sie uns im Internet:

http://www.grin.com/

http://www.facebook.com/grincom

http://www.twitter.com/grin_com

Radoslaw Lis

Geschichte des deutschen Schulwesens.
Schultypen im 19. Jahrhundert

Das neunzehnte Jahrhundert stellt ohne Zweifel einen ganz besonderen und einen durchaus wichtigen Markstein nicht nur in der Geschichte des deutschen Schulwesens, sondern auch in der Geschichte des deutschen Schulwortschatzes dar. Mit ihm beginnt ein neuer Abschnitt in der Geschichte der Schule in den deutschen Staaten sowie in der Geschichte der deutschen Sprache.

Die Entwicklung der Schulanstalten und eines allgemeinen Schulbesuches ist unlösbar verbunden mit den Fragen der Struktur und der Entwicklung des Wortschatzes und so auch mit dem Stand der Schulbezeichnungen. Dies kommt nirgends so deutlich zum Ausdruck wie bei der allgemeinen Beschulung der Kinder auf dem deutschen Boden im 19. Jahrhundert.

Die in diesem Kapitel vorgelegten Beispiele berichten von einem ganz besonderen Wortschatz, der sich während des 19. Jahrhunderts in den deutschen Territorien herausgebildet hat. Hier offenbart sich – wie kaum anderswo – eine besondere Beziehung zwischen den allgemeinen Lebens- und Entwicklungsbedingungen der schulpflichtigen Kinder und den ihnen während des ganzen Jahrhunderts zur Verfügung stehenden Bildungsmöglichkeiten, was nach sich auch zahlreiche Veränderungen in der deutschen Sprache ziehen musste.

Die ersten Schulanstalten, die auf dem deutschen Boden errichtet wurden, standen selbstverständlich in einem ganz engen Zusammenhang mit der Kirche und liegen im 8. und 9. Jahrhundert. Es waren ursprünglich die Klosterschulen („scholae interiores"), wie z. B. die Klosterschule zu Fulda (die als die älteste deutsche Schule angesehen wird), oder die Domschulen („scholae ecclasiae cathedralis"), wie z. B. das Paulinum in Münster, das Theodorianum in Paderborn und das Stephaneum in Halberstadt. Darüber hinaus gab es vielerorts zahlreiche Stifts- sowie Pfarrschulen.

Zu diesen Lehreinrichtungen traten bereits seit dem 13. Jahrhundert neue Anstalten hinzu, welche ihre Gründung den Bemühungen nicht der Kirche, sondern der städtischen Behörden zu verdanken hatten. Denn infolge der fortschreitenden Entwicklung der Städte im Mittelalter hatte sich nämlich das Bedürfnis geltend gemacht, neben den klerikalen Schulen, die meistens die Heranbildung künftiger Geistlicher und Gelehrten im Auge hatten, besondere Lehranstalten für den Bürgerstand zu schaffen. Dementsprechend wurden an den Pfarrkirchen der Städte Schulanstalten errichtet, die unter unmittelbarer Leitung des Stadtrats standen, jedoch vielfach von der Geistlichkeit beaufsichtigt wurden.[1]

Es sei darauf hingewiesen, dass ein wesentlicher Teil des heutigen modernen Schulwesens seinen Ursprung in den zu Anfang des 16. Jahrhunderts entstandenen evangelischen Lateinschulen hat. Diese dienten vor allem dem Zweck, die künftigen Geistlichen heranzubilden. Aus diesem Grunde beschränkte sich ihr Unterricht ursprünglich nur auf Religion und Latein als die Gelehrtensprache sowie Griechisch für das Verständnis des Neuen Testaments, Hebräisch für das Alte Testament, darüber hinaus Musik für die Bedürfnisse des Gottesdienstes. Für die deutsche Sprache, die vielen Gelehrten als „barbarisch" galt, war ein zusätzlicher Unterricht nicht vorgesehen.[2]

Die Verweltlichung des Schulwesens begann erst im 17. Jahrhundert und stand unter dem starken Einfluss des wohl in ganz Europa herrschenden Absolutismus, was zur Folge ein sukzessives und erfolgreiches Vordringen des Staates in den Erziehungsbereich hatte. Mit der allmählichen Verstaatlichung begann parallel auch die Entwicklung zur allgemeinen Pflichtschule, mit der man versuchte, sich mit der Aufgabe der allgemeinen Menschenbildung auseinanderzusetzen.[3]

An dieser Stelle muss betont werden, dass das deutsche Bildungswesen am Ende des 18. Jahrhunderts stark zersplittert war. Neben der privaten Schreib- oder Leseschulen, deren Lehrer nicht selten unvollständig gebildet waren, was auf eine fehlende Ausbildung und eine fehlende staatliche Kontrolle über die Privatschulen zurückzuführen ist, bildeten sich die öffentlichen Elementarschulen innerhalb und

---

[1] vgl. Müller, D. / Zymek, B.: Sozialgeschichte und Statistik des Schulsystems in den Staaten des Deutschen Reiches 1800-1945. Göttingen 1987, S. 14

[2] vgl. Schmeding, O.: Die Entwicklung des realistischen höheren Schulwesens Preußens bis 1933 mit besonderer Berücksichtigung der Tätigkeit des Deutschen Realschulmännervereins. Köln 1956, S. 6

[3] vgl. Demmel, W. G.: Feiertagsschule und Fortbildungsschule. Ein Beitrag zur Schulgeschichte Münchens im 19. Jahrhundert. München 1978, S. 47

außerhalb der Städte heraus, nicht selten in Anlehnung an eine Pfarre. Im höheren Bildungswesen gab es städtische Latein- und Gelehrtenschulen. Neben ihnen entstanden auch Staatsschulen wie die „Fürstenschulen", „Landesschulen" und „Klosterschulen" auf ehemaligem Klostergut.[4]

Waren die Bildungspolitischen Bestrebungen und Reformbemühungen bis etwa 1800 immer noch stark von den Ideen der Aufklärung geprägt, so setzte sich dann (hauptsächlich in den ersten drei Jahrzehnten des 19. Jahrhunderts) die neuhumanistischen Bildungsideen in den deutschen Staaten durch.[5] Man könnte somit den Weg der deutschen Schule vom frühen Mittelalter bis zur Gegenwart als eine *„ständig fortschreitende Verweltlichung und Verstaatlichung"*[6] charakterisieren. Um die Wende vom 18. zum 19. Jahrhundert hatte diese Verweltlichung und Verstaatlichung des Schulwesens bereits ihre entscheidende Richtung und eine besondere Bedeutung gewonnen.

Nachdem das alte Reich im Jahre 1806 zusammengebrochen war, erschien eine grundlegende Reformierung des überkommenen Staats- und Gesellschaftssystems dringend erforderlich. Man suchte nach treffenden Antworten auf einen Anstoß von außen – auf die Französische Revolution und auf die napoleonische Herausforderung und Neuordnung der neuen deutschen Welt, die zusammengebrochen und den neuen politischen Machtbedingungen nicht gewachsen war. Um also eine innere Einheit herzustellen, sah sich der preußische Staat zu durchgreifenden Reformen gezwungen.

Die allgemeine Bildung rückte somit in den Mittelpunt von Politik, Gesellschaft, Wirtschaft, Technik und Wissenschaft. Das 19. Jahrhundert kann zweifelsohne als das Jahrhundert der Bildung bezeichnet werden. Zu diesem Zeitpunkt wurde eine besondere Erneuerung von Staat und Gesellschaft angestrebt,

---

[4] vgl. Kames, J. M.: Das Elementarschulwesen in Köln von 1815-1850. Köln / Weimar / Wien 1992, S. 33
[5] vgl. Reble, A.: Geschichte der Pädagogik. Stuttgart 1993, S. 245
[6] Paulsen, F.: Aus Natur- und Geisteswelt. 100. Bändchen. Leipzig 1906, S. 171

vor allem auf der Grundlage von Humanität und einer allgemeinen Menschenbildung, die in der neuen Realität von durchaus großer Bedeutung war.[7]

Wie veränderte sich das Schulwesen? Dieser recht komplizierte und umfassende Prozess, der nicht nur Preußen, sondern auch den gesamten deutschsprachigen Bildungsraum betraf (es sei darauf hingewiesen, dass die anderen deutschen Staaten in ihrer Schulpolitik versuchten, eben dem Vorbild Preußens zu folgen [8]), brachte im deutschen Bildungswesen eine riesige Veränderung.

Es gibt, philosophisch gesehen, nur drei Stadien des Unterrichts: Elementarunterricht, Schulunterricht und Universitätsunterricht. In diesem Zusammenhang muss Wilhelm von Humboldt (1787-1835) genannt werden. Laut seiner Konzeption sollten die Fundamente der Menschenbildung in der *Elementarschule* gelegt werden. Die Elementarschule – nicht als Schule für Arme und niederes Volk, auch nicht als Schule mit primär religiöser Orientierung gedacht – sollte zur ersten Stufe der allgemeinen Menschenbildung werden. Elementarunterricht musste in diesem Sinne Grundbildung für alle schulpflichtigen Kinder leisten.[9] Dieser Begriff ist nicht selten im amtlichen Sprachgebrauch der deutschen Staaten zu finden. Doch ist diese Bezeichnung jetzt fast verdrängt durch die entsprechenden deutschen Bezeichnungen.

Dagegen das Hauptziel des Gymnasialunterrichts soll vor allem die Ausbildung des Menschengeistes und des Gemüts sein. Der Unterricht dürfte auf keinen Fall durch ständische bzw. durch berufliche Interessen beeinflusst werden, sondern muss universal sein und der allgemeinen Menschenbildung dienen.[10]

Die Bezeichnung *Gymnasium* ist aus dem Griechischen *gymnós* entlehnt worden. In der Antike bezeichnete sie ursprünglich nur solche Anstalten, in denen die

---

[7] vgl. Müssig, M.: Heidelbergs höheres Schulwesen in freier Trägerschaft. Entwicklung, Struktur, Bedeutung. Heidelberg 2006, S. 38
[8] vgl. Giese, G.: Quellen zur deutschen Schulgeschichte seit 1800. Göttingen / Berlin / Frankfurt 1961, S. 5
[9] vgl. Hamann, B.: Geschichte des Schulwesens. Werden und Wandel der Schule im ideen- und sozialgeschichtlichen Zusammenhang. Bad Heilbrunn 1986, S. 88
[10] vgl. Humboldt, W.: Der Königsberger Schulplan. In: Flitner, A. / Giel, K.: Wilhelm von Humboldt. Werke in fünf Bänden. Band IV: Schriften zur Politik und zum Bildungswesen. Darmstadt / Stuttgart 1964, S. 169

gymnastischen Übungen vorgenommen wurden. Im Laufe der Jahrhunderte wurden diese alten Gymnasien Stätten des geistigen Lebens. Sie wurden in erster Linie von den Philosophen besucht, die dort ihre Schüler zu belehren und Vorträge zu halten pflegten. Bereits seit Mitte des 17. Jahrhunderts nahmen größere Lateinschulen in den deutschen Staaten immer häufiger den vornehmen Namen Gymnasium an. Erst am Anfang des 19. Jahrhunderts wurde es aber zur allgemein üblichen offiziellen Bezeichnung einer Gelehrtenschule, die sich als kleine bürgerliche Eliteschule und als Vorschule der Universität verstand, als eine Schule mit betonter *„Distanzierung von den lebenspraktischen Bezügen, von der politischen Sphäre und von der Arbeitswelt"*, ganz der *„Welt des Geistes"* im engeren Sinne zugewandt.[11]

Mit anderen Worten: die Gymnasien, die nach der Vorstellung Humboldts das Rückgrat des Bildungssystems und dessen Prunkstück bilden sollten, gewannen mit ihrer Reorganisation zu Beginn des 19. Jahrhunderts eine völlig neue Bedeutung. Sie stellten die Idee dar, dass das intensive Studium der griechischen und lateinischen Literatur und ein hohes Maß der Vertrautheit mit dem Geiste der klassischen Antike die beste Vorbereitung für einen akademischen Beruf sei. Es war die Blütezeit des deutschen Idealismus.[12]

Mit der staatlichen Schulgesetzgebung war die vollständige Umwandlung von der Kirchen- zur Staatsschule nicht unbedingt zu vollziehen. Obwohl schon der Kirche das Recht zur Errichtung öffentlicher Schulen infolge der zielbewusst durchgeführten Bildungsreformen entzogen wurde, blieb die kirchliche Dominanz im Bildungswesen gewahrt – in besonderem Maße im niederen Bildungswesen. Wie auch früher blieb Religion wohl zentrales Unterrichtsfach. Darüber hinaus waren die umfangreichen Bibelfragmente noch lange Zeit die einzige Textbasis im Unterricht.[13]

---

[11] Rethwisch, C.: Deutschlands höheres Schulwesen im neunzehnten Jahrhundert. Geschichtlicher Überblick. Berlin 1893, S. 7
[12] vgl. Zerrenner, K.: Kurze Nachricht über das neuorganisierte Schulwesen in Magdeburg. Magdeburg 1820, S. 3
[13] vgl. Gernert, D.: Das deutsche und österreichische Volksschulwesen von der Aufklärung bis 1945. Köln / Wien 1991, S. 12

Nicht zu übersehen ist die Tatsache, dass auch in der Formulierung der Erziehungsziele für die *Volksschule* die kirchliche Tradition in den meisten Schulgesetzen ihren Niederschlag fand, wie die folgende Übersicht verdeutlicht: *„Aufgabe der Volksschule ist die religiöse, sittliche und vaterländische Bildung der Jugend durch Erziehung und Unterricht, sowie die Unterweisung derselben in den für das bürgerliche Leben nötigen allgemeinen Kenntnissen und Fertigkeiten."* [14]

Nach dem Abklingen des Neuhumanismus erfuhr die Volksschule wohl ihren höchsten Aufstieg. Die immer wieder wachsende Bedeutung der Volksschule war ohne Zweifel eng mit dem rapiden Anwachsen der Bevölkerungsziffer und der allgemeinen technisch-zivilisatorischen Entwicklung verbunden. Von 1800 bis 1900 stieg die Einwohnerzahl Deutschlands von 24 Millionen auf 60 Millionen an. Etwa im gleichen Zeitraum verdoppelte sich auch die Zahl der Volksschulen, die Zahl der Volksschüler vervierfachte sich in Preußen in der Zeit von 1822 bis 1911. Die Tendenz zur Rationalisierung aller Berufe bildete sich immer deutlicher heraus, und im gleichen Maße verstärkte sich die Überzeugung der Öffentlichkeit, dass man der Volksschule für die Vermittlung des notwendigen Grundwissens bedurfte (aus diesem Grunde wurde sie nicht selten auch *Grund-, Fundamental-* oder *Elementarschule* genannt). In dieser Zeit galt Wissen bereits als Macht, und die Volksschule wurde zum außergewöhnlich wichtigen Sozialfaktor. [15]

Der Name Volksschule trat sichtbar zum ersten Mal im Jahre 1788 auf. [16] Aber „Volk" bedeutete damals noch ausschließlich das niedere Volk, vorwiegend das erbuntertänige Landvolk. Erst einige Jahre später war die Volksschule als Pflichtschule zu betrachten – für alle Kinder des Volkes, ohne Ausnahmen und ohne Ansehen von Geburtsstand, Berufsstand und Besitzstand der Erziehungsberechtigten. Unter Aufsicht des Staates beruhte die Volksschule auf der Muttersprache ihrer Schüler (deshalb wurde sie in den zahlreichen amtlichen Quellen bis zum Beginn des

---

[14] Gesetzentwurf des Kultusministers v. Goßler von 1891
[15] vgl. Schmidt, R.: Volksschule und Volksschulbau von den Anfängen des niederen Schulwesens bis in die Gegenwart. Wiesbaden / Dotzheim 1967, S. 143
[16] vgl. Rochow, E.: Sämtliche pädagogische Schriften. Berlin 1788, S. 313f.

19. Jahrhunderts auch als *deutsche Schule* bezeichnet) und gab im wesentlichen eine allgemein grundlegende Bildung, damals noch ohne Rücksicht auf Berufsverzweigungen.[17]

Ursprünglich hieß sie also Volksschule im Sinne der ständischen Gesellschaft – „Volk" also im Sinne von einfachem und armem Volk. *„Mit dem Abbau der Stände in der bürgerlichen Gesellschaft, mit der Ersetzung des Geburtsscheines durch das Prüfungszeugnis, erhielt die Volksschule allmählich die Rolle einer Schule des Volkes im Sinne der gesellschaftlichen Einheit zugewiesen".[18]*

Wie schon oben beschrieben, wurde die Volksschule zur Pflichtschule für alle Kinder des deutschen Volkes. Trotzdem beklagte sich vielenorts die Schulaufsicht darüber, dass die in den Manufakturen arbeitenden schulpflichtigen Kinder entgegen den gesetzlichen Bestimmungen keinerlei Unterricht erhielten. So kam es Anfang des 19. Jahrhunderts zur Einrichtung der *Fabrikschulen*. Dies bedeutete aber keinesfalls einen regelmäßigen und systematischen Unterricht.[19] Die Fabrikschulen wurden unter staatlichem Druck eingerichtet, doch die Durchführung eines minimalen Unterrichts lag nicht selten weit unter dem Niveau der Elementarschulen.

Eine Altersgrenze für die Zulassung schulpflichtiger Kinder zur Fabrikschule gab es ursprünglich nicht. Und die von der Arbeit ermüdeten Lernenden sollten notdürftig nicht nur im Rechnen, Schreiben und Lesen, sondern auch auf jeden Fall in der Moral und in der Religion unterrichtet werden. Diese hier angeführte sehr allgemeine Formulierung war fast wortwörtlich aus der „Erneuerten Schulordnung" aus dem Jahre 1773 entlehnt worden – dort hieß es in Kapitel IV, Paragraph 1: *„Nächst dem Unterrichte im Christentume sollen die Kinder vornehmlich im Abc, Buchstabieren, Lesen, Schreiben und Rechnen unterwiesen und zu ihrer künftigen Lebensart vorbereitet werden."*

---

[17] vgl. Spranger, E.: Zur Geschichte der deutschen Volksschule. Heidelberg 1949, S. 12
[18] Pache, O.: Handbuch des deutschen Fortbildungsschulwesens. Wittenberg 1896, S. 128
[19] vgl. Lange, S.: Zur Bildungssituation der Proletarierkinder im 19. Jahrhundert. Berlin 1978, S. 45

Nirgends konnte aber wohl der Zweck der Schule weniger erreicht werden *„ als in den so genannten Fabrikschulen (...) der Fabrikorte. (...) Viele hundert Kinder werden von den Fabriken in Anspruch genommen; sie finden schon vom 6. bis 7. Jahre an ihr tägliches Brot, ohne sich sehr um geistige Nahrung zu bekümmern. Von Tagesanbruch bis Sonnenuntergang sind diese Kinder in Fabriken beschäftigt und leben leider nur allzu oft in einer Umgebung, die weder in Wort noch Tat mit gutem Beispiel vorleuchtet, indem die Fabrikarbeiter (...) in dem Geruche einer laxen Moral stehen. Es ist daher kein Wunder, wenn diese Kinder, täglich der Versuchung, Verführung und dem bösen Beispiele ausgesetzt, frühzeitig verderben, entarten und in geistiger Hinsicht ziemlich zurückbleiben. Denn die Fabrikschule, welche erst in den Abendstunden gehalten werden kann, ersetzt unmöglich die gewöhnliche Schulzeit. (...) Endlich sollte man gerade diese Kinder, die in der Fabrikschule waren, nach dem zurückgelegten 14. Jahre zwingen, die Sonntagsschule zu besuchen, damit doch einiger Ersatz für die wenige Schulzeit wäre und das Wenige, was gelernt wurde, nicht wieder verlernt würde. "*[20]

Ein anderer Versuch, der im 19. Jahrhundert unternommen wurde, um Schulpflicht mit der Kinderarbeit zu verbinden, lag in den **Sonntagsschulen**. Aber auch ihre Einwirkungsmöglichkeiten waren eher gering. Die wenigen Lernerfolge verschwanden nicht selten in dem langen Zeitraum bis zum nächsten Unterricht. Die Sonntagsschulen hatten also wenig Erfolg, zum einen, weil die Umstände, unter denen unterrichtet wurde, nur als katastrophal bezeichnet werden können, zum anderen, weil auch hier keine Möglichkeit bestand, Zwang auszuüben. Die Sonntagsschulen waren gedacht für alle *„Kinder, welche durch den nötigen Broterwerb verhindert sind, an dem täglichen Elementarunterricht teilzunehmen, damit sie wenigstens am Sonntag in der Religion, im Lesen, Schreiben und Rechnen unterrichtet werden. "*[21]

---

[20] Hergenröther, J.B.: Das Bild der Volksschule, 1823, S. 21
[21] Demian, J. A.: Statistisch-politische Ansichten und Bemerkungen auf einer Reise durch einen Teil der neuen preußischen Provinzen am Nieder- und Mittelrheine. Köln 1815, S. 386

Bei der Einrichtung der Sonntagsschulen sollten die folgenden Grundsätze gelten: Unterrichtet wurden in der Regel nur Knaben, jedoch auch Mädchen bis zum neunten Lebensjahr, die jedoch abgesondert zu unterrichten und eine Viertelstunde früher zu entlassen waren. Der Unterricht fand an Sonn- und Feiertagen vormittags von acht bis elf statt, im Winter von neun bis zwölf Uhr und nachmittags von zwei bis fünf Uhr. Die Kinder mussten noch vor dem Unterricht die Kirche besuchen und am Gottesdienst teilnehmen.[22]

Die Schulaufsicht und die an den Sonntagsschulen unterrichtenden Lehrer schrieben die mangelhaften Lernerfolge am häufigsten der fehlenden Motivation von Kindern und ihren Eltern zu. Die durch das soziale und politische System bedingten Verhaltensweisen wurden der untersten sozialen Schicht als individuelle Schuld angelastet. Die Fabrikkinder „*wollen nicht arbeiten und lernen, um etwas zu werden um in Zukunft etwas zu sein; sie arbeiten meist nur auf den Fabriken, um für die Gegenwart etwas zu haben*".[23]

Trotz alledem versuchte man, die Sonntagsschule zur Beeinflussung der Jugend zu nutzen: „*Es muss den Besuchern der Sonntagsschulen recht deutlich gemacht werden, dass der Arme ohne Christentum wenig Trost findet und der wahre Friede des Menschen nicht in vermehrten sinnlichen Genüssen, nicht in großem Besitzstande, nicht in prunkendem Aufwande, sondern lediglich und allein in der Entwicklung seiner sittlichen Kräfte zu suchen ist.*"[24] „*Wenn es gelänge, durch diese Anstalten die sittlich-religiöse Bildung der heranwachsenden Jugend in den unteren Klassen des Volkes mehr zu heben, so würde hiermit schon viel geschehen sein, um den Gefahren vorzubeugen, die aus eintretender Not und Mangel an Nahrungsmitteln für die bürgerliche Gesellschaft leicht entstehen können.*"[25]

---

[22] vgl. Demian, J. A.: Statistisch-politische Ansichten und Bemerkungen auf einer Reise durch einen Teil der neuen preußischen Provinzen am Nieder- und Mittelrheine. Köln 1815, S. 386
[23] Demian, J. A.: Statistisch-politische Ansichten und Bemerkungen auf einer Reise durch einen Teil der neuen preußischen Provinzen am Nieder- und Mittelrheine. Köln 1815, S. 386
[24] Landdtags-Mittheilungen 1847, Nr. 6, S. 76: 7. öffentliche Sitzung der I. Kammer am 4. März 1847
[25] Landdtags-Mittheilungen 1847, Nr. 6, S. 76: 7. öffentliche Sitzung der I. Kammer am 4. März 1847

Man soll an dieser Stelle noch hinzufügen, dass alle unterrichtlichen Veranstaltungen, die an Sonntagen stattfanden, lange Zeit vereinfacht eben als Sonntagsschulen bezeichnet wurden. Eine andere als die oben beschriebene Art von Sonntagsschulen waren die im Jahre 1866 ins Leben gerufenen landwirtschaftlichen *Fortbildungsschulen*. Da dieser Unterricht auch auf den Sonntag fiel, hießen sie im Volksmund ebenso Sonntagsschule. Diese Schulart hatte man insbesondere für die bäuerliche sonntagsschulpflichtige Jugend ins Leben gerufen. Ihre Besonderheit lag darin, neben den üblichen Elementarfächern mehr Wert auf die landwirtschaftlichen Belange zu legen. Der Unterricht erstreckte sich auf das Winterhalbjahr (von Mitte Oktober bis Ende April) und in den Sommermonaten fand für diese Schüler regelmäßig die Sonntagsschule statt.[26]

Der Begriff Sonntagsschule wurde noch im 19. Jahrhundert offiziell aufgegeben. An ihrer Stelle wurde die zunächst wiederum recht ungenaue und daher auf verschiedene Art Und Weise interpretierbare Bezeichnung Fortbildungsschule eingeführt.[27]

Das unvorstellbare Elend der „Fabrikkinder", die täglich bis zu fünfzehn Stunden für einen Hungerlohn in der Industrie (vor allem in der Textilindustrie) arbeiteten, ist in zahlreichen Berichten dokumentiert. Da die Unterrichtsverwaltung die völlige Beseitigung der Kinderarbeit nicht erreichen konnte, versuchte sie, die Städte zur Errichtung von Nachhilfe- bzw. Sonntagsschulen für Fabrikkinder zu nötigen, Institutionen, die teilweise noch durch den Lohn der Fabrikkinder finanziert werden sollten. Zusammenfassend lässt sich an dieser Stelle sagen, dass private Winkelschulen, öffentliche Armenschulen, Fabrik- und Sonntagsschulen in der ersten Hälfte des 19. Jahrhunderts einen wichtigen Ausschnitt des städtischen Schulwesens bildeten.[28]

---

[26] Hörner, F.: „Streifzüge durch die alte Sonntagsschule". Schwäbische Blätter für Volksbildung und Heimatpflege. Hg. Schwäbischer Volksbildungsverband. 8. Jg. Heft 3. 1957, S. 85ff.
[27] vgl. Demmel, W. G.: Feiertagsschule und Fortbildungsschule. Ein Beitrag zur Schulgeschichte Münchens im 19. Jahrhundert. München 1978, S. 50
[28] vgl. Baumgart, F.: Zwischen Reform und Reaktion. Preußische Schulpolitik 1806-1859. Darmstadt 1990, S. 34

Im 19. Jahrhundert hatte schon jeder Mensch das gleiche Recht *„auf den möglichst besten Unterricht, der ihm gewährt werden könne; es dürfe daher kein Unterschied stattfinden zwischen dem Unterricht der armen und dem der bemittelten Kinder".*[29] Aus diesem Grunde tritt im 19.Jahrhundert die **Armenschule** auf – von den Gemeinden für jene Bevölkerungsschichten eingerichtet, die nicht in der Lage sind, für den Unterricht ihrer Kinder Schulgeld zu bezahlen. *„In die Armenschule werden nur diejenigen Kinder aufgenommen, deren Eltern ihrer Armut wegen das Schulgeld für den Unterricht ihrer Kinder in der Bürgerschule nicht entrichten können. Die Aufnahme derselben hat die Armen-Deputation zu begutachten und der Schulvorstand zu genehmigen, weshalb die Eltern das Gesuch um Aufnahme ihrer Kinder in die Armenschule bei ersterer Behörde, jedoch wenigstens 1 Monat vor dem zur Aufnahme gesetzlich bestimmten Tage anzubringen haben."*[30]

Ein Stundenplan der Armenschule entstand erstmalig 1828. Bis dahin war die Religion die Grundlage und das Hauptelement des Unterrichts. Noch im Jahre 1822 betonten die Schulbehörden, dass *„die Leseübung in den erwähnten religiösen Büchern die Hauptsache sei und an der Armenschule am meisten getrieben werden sollte. Nur am Dienstag und am Donnerstag seien die Armenkinder jeweils eine halbe Stunde lang in der Zahlenkenntnis zu unterweisen".*[31]

In den vielerorts entstehenden Armenschulen kann man die eigentliche Vorläuferin der späteren Gemeindeschule und der allgemeinen Volksschule sehen.[32] Selbst diese Schule der ärmsten Bevölkerungsschichten lässt sich jedoch nicht ohne weiteres mit einer einklassigen Dorfschule auf eine Stufe stellen. So sieht z. B. der Lehrplan für die Berliner Armenschule aus dem Jahre 1840 nicht eine, sondern vier aufsteigende Klassen vor und er überschreitet in Stundenzahl und Lehrangebot

---

[29] Thieme, O., Beiträge zur Geschichte des Pirnaer Volksschulwesens. Pirna 1898, S. 5
[30] Local-Schul-Ordnung der Stadt Pirna vom 17.3.1840, Paragraph 22
[31] Thieme, O., Beiträge zur Geschichte des Pirnaer Volksschulwesens. Pirna 1898, S. 5
[32] vgl. Zwick, H.: Die Entwicklung des Berliner Gemeindeschulwesens vom Jahre 1878 bis zur Gegenwart. Denkschrift, aus Anlass der Eröffnung der 200. Gemeindeschule. Berlin 1894, S. 10

deutlich, was erst einige Jahre später in den Stiehlschen Regulativen für ganz Preußen als Normalerlass festgesetzt wird.[33]

Parallel zur Armenschule kann man im 19. Jahrhundert auch **Kosten-** und **Freischulen** finden, die – wie schon ihr Name besagt – völlig frei waren, d.h. unentgeltlich. Auf jeden Fall stellten sie für die sie besuchenden Kinder gewissermaßen eine soziale Deklassierung dar. Die Unterrichtsziele in den beiden Anstalten waren sehr bescheiden, sie beschränkten sich nur auf das Vermitteln der elementaren Fähigkeiten des Lesens, Schreibens und Rechnens. In der Regel bestand das Bildungsziel der Freischulen in der Erziehung und Unterrichtung „armer Kinder" sowie der Waisenkinder. Denn in den letzten Jahrzehnten des 18. Jahrhunderts und zu Beginn des 19. Jahrhunderts, als sich die Industrie weiter entwickelte, nahm auch die Armut der rasch anwachsender Bevölkerung und das Bettlertum beachtlich zu. Darüber hinaus trugen auch selbstverständlich die Kriegswirren der Französischen Revolution wesentlich zur Verarmung der Bevölkerung bei. Aus diesem Grund war die Errichtung größerer Freischulen für die Kinder der Armut eines der dringendsten Bedürfnisse einer großen Stadt. Die Zahl der Unglücklichen, die der Fürsorge bedürften, war freilich groß.[34]

Die Schüler, die die Frei- und Kostenschulen besuchten, sollten die Kenntnisse erlangen, *„welche von Kindern gefordert werden müssen, die mit vollendetem vierzehnten Jahre die Schule verlassen, und dann einem Handwerke sich widmen, oder als Dienstboten ihr Fortkommen in der Welt suchen".[35]*

Ab Mitte der fünfziger Jahre des 19. Jahrhunderts wurden die Armenschulen ausgebaut, im weiteren Verlauf in Gemeindeschulen oder Stadtschulen umbenannt und als Ersatz für den Besuch der unteren und mittleren Gymnasialklassen und der bisherigen Stadtschulen angeboten. Die ehemalige Armenschule wurde zur

---

[33] vgl. Müller, D. K.: Sozialstruktur und Schulsystem. Aspekte zum Strukturwandel des Schulwesens im 19. Jahrhundert. Göttingen 1977, S. 759
[34] vgl. Müller, D. K.: Sozialstruktur und Schulsystem. Aspekte zum Strukturwandel des Schulwesens im 19. Jahrhundert. Göttingen 1977, S. 63
[35] Zerrenner, K.: Kurze Nachricht über das neuorganisierte Schulwesen in Magdeburg. Magdeburg 1820, S. 36f.

Volksschule, die am Ende des 19. Jahrhunderts für die meisten schulpflichtigen Kinder die einzige allgemeinbildende Schulform darstellte. Zugleich wurde der Lehrplan der Volksschule von dem der früheren Armenschule völlig abgehoben und dem Niveau der früheren Stadtschulen und unteren Gymnasialklassen angepasst. Schüler, die den Anforderungen nicht mehr genügen konnten, wurden in Sonderschulen – Schulen für lern- und geistig behinderte Kinder – abgeschoben.[36]

Es sei darauf hingewiesen, dass die Kinder zwischen dem siebenten und dem vierzehnten Lebensjahr zum Schulbesuch gesetzlich verpflichtet waren, wenn sie nicht von den Hauslehrern unterrichtet wurden. Aber die Realisierung dieser gesetzlichen Pflichten wies am Anfang eine durchaus große Spannbreite auf, die sich nur langsam in die Richtung eines ganzjährigen kontinuierlichen Schulbesuches verengte.[37] Nichts anderes als in den anderen deutschen Staaten war es nämlich in den zwanziger Jahren auch in weiten Teilen Preußens üblich, zwischen *Sommer-* und *Winterschulen* zu unterscheiden. Während in den Wintermonaten (bis auf mittwochs und samstags) Ganztagsunterricht erteilt wurde, beschränkte sich die Sommerschule häufig nur auf ganz wenige Unterrichtsstunden am frühen Vormittag. Darüber hinaus galt es vielfach als ganz selbstverständlich, dass die älteren Kinder in den Sommermonaten zu den landwirtschaftlichen Arbeiten herangezogen wurden, statt zum Schulunterricht geschickt zu werden.[38] Die Wiederholungsstunden an Sonn- und Feiertagen waren kaum dazu geeignet, den in den Wintermonaten mühsam erlernten Unterrichtsstoff aufrecht zu erhalten. Von einem Fortschreiten konnte in diesem Falle also nicht die Rede sein.[39]

Die Kinder auf dem Land besuchten die Schule in der Regel nur in den Wintermonaten. Die übrige Zeit des Jahres waren sie mehr oder weniger in die ländliche Arbeit eingebunden, so dass sie nur unregelmäßig am Unterricht teilnehmen

---

[36] vgl. Müller, D. K. / Zymek, B.: Sozialgeschichte und Statistik des Schulsystems in den Staaten des Deutschen Reiches 1800-1945. Band II: Höhere und mittlere Schulen. Göttingen 1987, S. 48
[37] vgl. Baumgart, F.: Zwischen Reform und Reaktion. Preußische Schulpolitik 1806-1859. Darmstadt 1990, S. 107
[38] vgl. Jütting, W. U.: Bilder aus der jüngsten Vergangenheit des ostfriesischen Volksschulwesens. Leipzig 1874, S. 304
[39] vgl. Graf, F. A.: Südwestdeutsche Schulreform im 19. Jahrhundert. Meisenheim 1968, S. 101

konnten. Der Unterricht bestand vorwiegend aus Gesang und Gebet, Religionsunterricht, Lesestunde, Schreibstunde, Aufsagestunde für die Katechismustexte, die Bibelsprüche oder die Gesangbuchverse.[40] Man engagierte zu Martini oder noch früher, zu Michaelis, wenn die Feldarbeit beendet und das Vieh aufgestallt war, einen „Lehrer" für den Winter, der gewisse Kenntnisse in den Fertigkeiten Lesen und Schreiben und im Katechismus besaß, und ließ ihn die Kinder unterrichten. In den Sommermonaten wurde die Schule dann wieder aufgesetzt und der Winterlehrer oder „Wintermester", wie er genannt wurde, ging seinem Handwerk nach oder arbeitete im Tagelohn bei den Bauern.[41] Erst langsam und wiederum mit regionalen Unterschieden gelang es, den Schulbesuch auch im Sommer verbindlich zu machen.

Eine besondere Form der Winterschule stellte die *Wanderschule* dar. Auch in diesem Fall begann der Unterricht im November, *„wenn die Witterung zum Austreiben des Viehes nicht mehr günstig war (...) und endigte zu Ostern im Frühjahr"*[42] und wurde gehalten *„abwechselnd in den Häusern (...), deren Besitzer schulfähige Kinder hatten".*[43] So wanderte die Schule *„täglich oder wöchentlich oder in vierzehntätigen Fristen" „mit Sack und Pack"*[44] von Haus zu Haus. Einige Tage vor Martini wurde hierzu alljährlich ein so genannter Schulhalter eingestellt. Es handelte sich meist um *„Leute aus dem geringeren Stande: abgedankte Soldaten, Hirten und Handwerker, die im Winter, so gut sie konnten, die (...) Dorfjugend im Lesen, Schreiben, Rechnen und in dem Katechismus unterrichteten, im Sommer aber ihres eigentlichen Berufes warteten, oder als Taglöhner arbeiteten."*[45]

Die hier genannten Sommer-, Winter- und Wanderschulen sind dem im 19. Jahrhundert häufig auftretenden Sammelbegriff *Nebenschule* zuzuordnen. Die

---

[40] vgl. Dietrich, T.: Geschichte der Pädagogik in Beispielen aus Erziehung, Schule und Unterricht, 18.-20. Jahrhundert. Bad Heilbrunn 1975, S. 117
[41] vgl. Bartels, P. G.: Abriss einer Geschichte des Schulwesens in Ostfriesland. Aurich 1870, S. 33
[42] Hagen, S.: Das Volks-Schulwesen in Oberfranken. Bayreuth 1971, S. 44
[43] Hübsch, J. G.: Gesees und seine Umgebung. Ein historischer Versuch. Bayreuth 1842, S. 116
[44] Hagen, S.: Das Volks-Schulwesen in Oberfranken. Bayreuth 1971, S. 44
[45] Hübsch, J. G.: Gesees und seine Umgebung. Ein historischer Versuch. Bayreuth 1842, S. 117

Nebenschulen (früher auch **Beischulen**), die im Laufe des 19. Jahrhunderts in verschiedenen Ortschaften entstanden, bedürfen einer näheren Erläuterung. Darunter zu verstehen sind solche Anstalten, die zwar im Rang unter der Hauptschule standen, aber offiziell anerkannt waren. Sie werden in schulgeschichtlichen Aufzeichnungen gelegentlich gleichgesetzt mit den „Privat- oder Winkelschulen", die behördlich in der Regel nicht genehmigt wurden.[46] Man kann an dieser Stelle ganz berechtigt die Frage stellen, wie es zur Gründung von Nebenschulen kam: Mit zunehmender Zahl der Einwohner stieg natürlich auch die Zahl der schulpflichtigen Kinder. Entfernung und ungünstige Wegeverhältnisse, besonders im Winter, veranlassten oft die Einwohner, direkt in ihrem Ort eine Nebenschule zu fordern. In den Ortschaften wurden die Nebenschulen vornehmlich von den sechs- bis neunjährigen Schulkindern besucht. Den Älteren mutete man den Weg zur entfernten Hauptschule während des ganzen Jahres zu.[47] Im Centrallblatt für die gesamte Unterrichts-Verwaltung in Preußen aus dem Jahre 1872 lesen wir: „*Für die Kinder der ärmeren Bevölkerung sind Nebenschulen einzurichten, die je nach Bedürfnis ein-, zwei- oder dreiklassig sind. (...) Die Unterrichtsziele sind im Interesse der Gründlichkeit auf das Notwendigste zu beschränken.*"

Wenn von der Entwicklung des deutschen Schulwesens im 19. Jahrhundert die Rede ist, scheint auch die Entwicklung der **Realschule** durchaus interessant zu sein. Diese Bezeichnung fand zum ersten Mal im Jahre 1706 ihre Verwendung.[48] Ursprünglich war die Realschule aber keine Schule im gewöhnlichen Sinne des Wortes – sie sollte eher als eine Ergänzungsanstalt verstanden werden, die den Schülern der Stadt lediglich eine gewisse Reihe von Sachkenntnissen vermitteln sollte. Der Name Realschule ist auf das lateinische Wort *res* („Sache", „Wesen") zurückzuführen – nicht Worte, sondern nämlich Sachen sollten in der Realschule

---

[46] vgl. Brüggemann, S.: Landschullehrer in Ostfriesland und Harlingerland während der ersten preußischen Zeit (1744-1806). Köln / Wien 1988, S. 52

[47] vgl. Bartels, P. G.: Abriss einer Geschichte des Schulwesens in Ostfriesland. Aurich 1870, S. 33

[48] vgl. Nyström, S.: Die deutsche Schulterminologie in der Periode 1300-1740. Schulanstalten, Lehrer und Schüler. Helsinki 1915, S. 45

gelernt werden. Im 19. Jahrhundert aber bezeichnet der Begriff bereits einen besonderen Schultyp mit bestimmten Unterrichtszielen.

Wenn man die Gründungsgeschichte der preußischen Schulanstalten genauer verfolgt, so entsteht ein folgendes Bild: von wenigen Ausnahmen angesehen beginnt die Gründung der Realschulen in den zwanziger Jahren und setzt sich dann weiter kontinuierlich fort.[49] Noch bis zum Anfang des 19. Jahrhunderts saßen in den unteren sowie in den mittleren Klassen nebeneinander die für die bürgerlichen Berufen und die für das Universitätsstudium bestimmten Schüler. Langsam aber war es zur Entstehung selbständiger Realschulen gekommen, deren Notwendigkeit allerdings lebhaft gefühlt wurde. Zwar war die Bildungsreform Wilhelm von Humboldts gegen Realschulen gerichtet, doch bereits im Jahre 1832 wurden Abschlüsse der Realschule – einer Schule, die eine höhere Ausbildung für das bürgerliche Berufsleben oder auch gewisse Fachwissenschaften vermittelte – in Preußen anerkannt. Die an den „Realien" orientierte Anstalt setzte sich somit durch.[50]

Neben den oben genannten charakteristischen Schulanstalten im 19. Jahrhundert gab es aber noch eine ganze Reihe von anderen Schulbezeichnungen, meist Zusammensetzungen mittels „Schule" (*Abend-* und *Morgenschule, Gelehrtenschule, Vorbereitungsschule, Nationalschule Bürgerschule, Gesamtschule, Dorfschule, Gemeindeschule, Gewerbeschule, Halbtagsschule, Hauptschule, Hilfsschule, Stadtschule, Parochialschule, Industrieschule, Konfessionsschule, Seminarschule, Simultanschule, Mittelschule, Pfarrschule, Sonderschule* u.a.), die in hohem Maße die deutsche Sprache beeinflussten. Das Bildungsangebot sowohl für städtische, als auch für ländliche deutsche Bevölkerung konkretisierte sich in einer Vielzahl nicht nur öffentlicher, sondern auch privater Schulen, deren unterschiedliche Bezeichnungen nicht selten eher verwirren können, als über ihre reale pädagogische und soziale Funktion Auskunft geben.

---

[49] vgl. Eckert, M.: Die schulpolitische Instrumentalisierung des Bildungsbegriffs. Zum Abgrenzungsstreit zwischen Realschule und Gymnasium im 19. Jahrhundert. Frankfurt am Main 1984, S. 7
[50] vgl. Rethwisch, C.: Deutschlands höheres Schulwesen im neunzehnten Jahrhundert. Geschichtlicher Überblick. Berlin 1893, S. 18

Quellenverzeichnis

1. Bartels, P. G.: Abriss einer Geschichte des Schulwesens in Ostfriesland. Aurich 1870

2. Baumgart, F.: Zwischen Reform und Reaktion. Preußische Schulpolitik 1806-1859. Darmstadt 1990

3. Brüggemann, S.: Landschullehrer in Ostfriesland und Harlingerland während der ersten preußischen Zeit (1744-1806). Köln / Wien 1988

4. Demian, J. A.: Statistisch-politische Ansichten und Bemerkungen auf einer Reise durch einen Teil der neuen preußischen Provinzen am Nieder- und Mittelrheine. Köln 1815

5. Demmel, W. G.: Feiertagsschule und Fortbildungsschule. Ein Beitrag zur Schulgeschichte Münchens im 19. Jahrhundert. München 1978

6. Dietrich, T.: Geschichte der Pädagogik in Beispielen aus Erziehung, Schule und Unterricht, 18.-20. Jahrhundert. Bad Heilbrunn 1975

7. Eckert, M.: Die schulpolitische Instrumentalisierung des Bildungsbegriffs. Zum Abgrenzungsstreit zwischen Realschule und Gymnasium im 19. Jahrhundert. Frankfurt am Main 1984

8. Gernert, D.: Das deutsche und österreichische Volksschulwesen von der Aufklärung bis 1945. Köln / Wien 1991

9. Gesetzentwurf des Kultusministers v. Goßler von 1891

10. Giese, G.: Quellen zur deutschen Schulgeschichte seit 1800. Göttingen / Berlin / Frankfurt 1961

11. Graf, F. A.: Südwestdeutsche Schulreform im 19. Jahrhundert. Meisenheim 1968

12. Hagen, S.: Das Volks-Schulwesen in Oberfranken. Bayreuth 1971

13. Hamann, B.: Geschichte des Schulwesens. Werden und Wandel der Schule im ideen- und sozialgeschichtlichen Zusammenhang. Bad Heilbrunn 1986

14. Hergenröther, J.B.: Das Bild der Volksschule, 1823

15. Hörner, F.: „Streifzüge durch die alte Sonntagsschule". Schwäbische Blätter für Volksbildung und Heimatpflege. Hg. Schwäbischer Volksbildungsverband. 8. Jg. Heft 3. 1957

16. Hübsch, J. G.: Gesees und seine Umgebung. Ein historischer Versuch. Bayreuth 1842

17. Humboldt, W.: Der Königsberger Schulplan. In: Flitner, A. / Giel, K.: Wilhelm von Humboldt. Werke in fünf Bänden. Band IV: Schriften zur Politik und zum Bildungswesen. Darmstadt / Stuttgart 1964

18. Jütting, W. U.: Bilder aus der jüngsten Vergangenheit des ostfriesischen Volksschulwesens. Leipzig 1874

19. Kames, J. M.: Das Elementarschulwesen in Köln von 1815-1850. Köln / Weimar / Wien 1992

20. Landdtags-Mittheilungen 1847, Nr. 6, 7. öffentliche Sitzung der I. Kammer am 4. März 1847

21. Lange, S.: Zur Bildungssituation der Proletarierkinder im 19. Jahrhundert. Berlin 1978

22. Local-Schul-Ordnung der Stadt Pirna vom 17.3.1840, Paragraph 22

23. Müller, D. / Zymek, B.: Sozialgeschichte und Statistik des Schulsystems in den Staaten des Deutschen Reiches 1800-1945. Göttingen 1987

24. Müller, D. K.: Sozialstruktur und Schulsystem. Aspekte zum Strukturwandel des Schulwesens im 19. Jahrhundert. Göttingen 1977

25. Müssig, M.: Heidelbergs höheres Schulwesen in freier Trägerschaft. Entwicklung, Struktur, Bedeutung. Heidelberg 2006

26. Nyström, S.: Die deutsche Schulterminologie in der Periode 1300-1740. Schulanstalten, Lehrer und Schüler. Helsinki 1915

27. Pache, O.: Handbuch des deutschen Fortbildungsschulwesens. Wittenberg 1896

28. Paulsen, F.: Aus Natur- und Geisteswelt. 100. Bändchen. Leipzig 1906

29. Reble, A.: Geschichte der Pädagogik. Stuttgart 1993

30. Rethwisch, C.: Deutschlands höheres Schulwesen im neunzehnten Jahrhundert. Geschichtlicher Überblick. Berlin 1893

31. Rochow, E.: Sämtliche pädagogische Schriften. Berlin 1788

32. Schmeding, O.: Die Entwicklung des realistischen höheren Schulwesens Preußens bis 1933 mit besonderer Berücksichtigung der Tätigkeit des Deutschen Realschulmännervereins. Köln 1956

33. Schmidt, R.: Volksschule und Volksschulbau von den Anfängen des niederen Schulwesens bis in die Gegenwart. Wiesbaden / Dotzheim 1967

34. Spranger, E.: Zur Geschichte der deutschen Volksschule. Heidelberg 1949

35. Thieme, O., Beiträge zur Geschichte des Pirnaer Volksschulwesens. Pirna 1898

36. Zerrenner, K.: Kurze Nachricht über das neuorganisierte Schulwesen in Magdeburg. Magdeburg 1820

37. Zwick, H.: Die Entwicklung des Berliner Gemeindeschulwesens vom Jahre 1878 bis zur Gegenwart. Denkschrift, aus Anlass der Eröffnung der 200. Gemeindeschule. Berlin 1894